BEI GRIN MACHT SICH IHR WISSEN BEZAHLT

AF167064

- Wir veröffentlichen Ihre Hausarbeit,
  Bachelor- und Masterarbeit

- Ihr eigenes eBook und Buch -
  weltweit in allen wichtigen Shops

- Verdienen Sie an jedem Verkauf

Jetzt bei www.GRIN.com hochladen
und kostenlos publizieren

Bibliografische Information der Deutschen Nationalbibliothek:

Die Deutsche Bibliothek verzeichnet diese Publikation in der Deutschen National-
bibliografie; detaillierte bibliografische Daten sind im Internet über http://dnb.d-
nb.de/ abrufbar.

—

Impressum:

Copyright © 2019 GRIN Verlag
Druck und Bindung: Books on Demand GmbH, Norderstedt Germany
ISBN: 9783346051714

Dieses Buch bei GRIN:

https://www.grin.com/document/502306

Christian Scherzberg

Planung eines Krafttrainings für eine 23-jährige Frau

Trainingsplanung, Meso-/Makrozyklus

GRIN Verlag

GRIN - Your knowledge has value

Der GRIN Verlag publiziert seit 1998 wissenschaftliche Arbeiten von Studenten, Hochschullehrern und anderen Akademikern als eBook und gedrucktes Buch. Die Verlagswebsite www.grin.com ist die ideale Plattform zur Veröffentlichung von Hausarbeiten, Abschlussarbeiten, wissenschaftlichen Aufsätzen, Dissertationen und Fachbüchern.

Besuchen Sie uns im Internet:

http://www.grin.com/

http://www.facebook.com/grincom

http://www.twitter.com/grin_com

Deutsche Hochschule für

Prävention und Gesundheitsmanagement

Hermann Neuberger Sportschule 3

66123 Saarbrücken

Einsendeaufgabe

Fachmodul: Trainingslehre I

Studiengang: Bachelor of Arts Fitnessökonomie

Datum

Präsenzphase   29.07.2019 – 01.08.2019

Name, Vorname: Scherzberg, Christian

Studienort: **Leipzig**

Semester: **SS 2019**

Inhaltsverzeichnis

1 Diagnose

Da zur Erstellung eines optimalen Trainingsplans die biometrischen Daten, sowie die allgemeinen Daten erforderlich sind, wurden diese in Zusammenarbeit mit der Probandin erhoben. Diese Daten spiegeln den aktuellen Ausgangspunkt dar und sollen die Basis für das erwünschte Ziel sein.

Zu Beginn wurden allgemeine Daten (Alter, Geschlecht, etc.), biometrische Daten (Körpergröße, Körpergewicht, Blutdruck), sowie etwa Trainingsmotive, frühere/aktuelle sportl. Tätigkeiten, berufl. Tätigkeit oder auch die zeitliche Verfügbarkeit besprochen.

Da es besonders wichtig ist über den gesundheitlichen Zustand Bescheid zu wissen, wurde zudem noch erfasst, ob Vorerkrankungen vorliegen oder sonstige gesundheitliche Beeinträchtigungen.

1.1 Allgemeine und biometrische Daten

1.1.1 Allgemeine Daten

Tabelle 1: Allgemeine und biometrische Daten (eigene Darstellung)

Alter	23
Geschlecht	weiblich
Körpergröße	170cm
Körpergewicht	90,5kg
BMI	31,31
Trainingsmotive	• Gewichtsreduktion • Körperstraffung • Gesund bleiben
Berufl. Tätigkeit	Online-Marketing-Managerin
Aktuelle sportl. Tätigkeiten	• Fitnesstraining Leistungsstufe: Beginner Trainingsumfang: 2-3x Training / Woche Zeitraum: seit 2 Monaten
Frühere sportl. Tätigkeiten	Keine
Zeitliche Verfügbarkeit	3 Tage / Woche, je 2 Stunden / Einheit
Blutdruck	• Systole: 126 mmHg • Diastole: 82 mmHg
Allgemeiner Gesundheitszustand	• Orthopädische Beschwerden: Keine

	• Internistische Beschwerden: Keine
	• Ärztliche Behandlungen: Keine
	• Regelmäßige Medikation: Keine
Sonstige gesundheitl. Einschränkungen	Keine

Die Erfassung der biometrischen Daten verlief mit einer Waage, einem mechanischen Messstab sowie mit einem Oberarm-Blutdruckmessgerät.

Durch die Körpergröße und Körpergewicht lässt sich der Body-Mass-Index auswerten, welcher bei einer Größe von 170cm und einem Gewicht von 90,5kg bei einem Wert von 31,31kg/m² liegt, welcher als Adipositas der Stufe I zu klassifizieren ist (vgl. WHO BMI classification, 2000). Anzustreben wäre hierbei eine Reduzierung auf Normalgewicht von maximal 71,9kg, welches bei einem Body-Mass-Index von bis zu 24,9kg/m² liegt.

Da ein hohes Übergewicht oft Auslöser für weitere gesundheitliche Beschwerden ist, ist eine Reduzierung des aktuellen Körpergewichts dringend notwendig.

Tabelle 2: Blutdruckklassifikation der American Heart Association (eigene Darstellung nach Manica et al., 2013, S. 1286)

Bewertung	Systolisch	Diastolisch
Normblutdruck (Normotonie)		
Optimal	< 120 mmHg	< 80 mmHg
Normal	120 – 129 mmHg	80 – 84 mmHg
Hochnormal	130 – 139 mmHg	85 – 89 mmHg
Bluthochdruck (arterielle Hypertonie)		
Hypertonie – Stufe I	140 – 159 mmHg	90 – 99 mmHg
Hypertonie – Stufe II	160 – 179 mmHg	100 – 109 mmHg
Hypertonie – Stufe III	> 180 mmHg	> 110 mmHg

In der Erfassung der biometrischen Daten wurde auch der Blutdruck der Probandin geprüft, dieser liegt bei einem systolischen Wert von 126 mmHg und einem diastolischen Wert von 82 mmHg, welcher im Normalbereich (vgl. Mancia et al., 2013, S.1286) liegt und somit keine Einschränkung für das Training bedeutet. Zielführend soll eine Reduzierung in den optimalen Bereich sein, welcher durch konstantes Training und die daraus folgenden körperlichen Anpassungen erreicht werden kann.

4

In der Anamnese wurde die berufliche Tätigkeit als Online-Marketing-Managerin angegeben, welche in einer überwiegend sitzenden Position stattfindet, daher liegt eine hohe Priorität in der Kräftigung des oberen und unteren Rückens, um so prophylaktisch einer muskulären Dysbalance vorzubeugen.

Die Belastbarkeit schätze ich als überdurchschnittlich gut ein, da keinerlei medizinische Einschränkungen vorliegen und die Probandin keine regelmäßige Medikation besitzt. Zudem ist ein Pensum von 2-3 Mal Training pro Woche und der Wunsch nach einer systematischen Planung für das Training ein starkes Indiz für eine sehr gute Trainierbarkeit einer Trainingsbeginnerin.

1.2 Krafttestung

Tabelle 3: Krafttest nach X-RM Methode (eigene Darstellung)

Testübung	Wiederholung	1.Testsatz	2.Testsatz	3.Testsatz	Ergebnis
Beinpresse sitzend*	20	40kg	45kg	-	45kg
Rudern sitzend*	20	20kg	22,5kg	25kg	25kg
Brustpresse*	20	20kg	22,5kg	-	22,5kg
Latziehen zur Brust*	20	20kg	22,5kg	25kg	25kg
Bauchpresse*	20	10kg	15kg	-	15kg
Rückenstrecker*	20	20kg	25kg	-	25kg

* am Gerät

Für die Probandin wurde in diesem Fall die X-RM Krafttestmethode ausgesucht, da diese gerade für Beginner ohne Erfahrung im Krafttraining vorteilhaft ist, um die Bewegungsabläufe zu verinnerlichen. In diesem Fall werden 20 Wiederholungen für jeden der drei Testsätze ausgeübt. Vor den Testsätzen wärmt sich die Probandin 10min auf dem Crosstrainer auf. Im Anschluss erfolgt an jedem Gerät vor dem 1.Testsatz ein Satz zum speziellen Aufwärmen mit ca. 50% Intensität. Eine Pause zwischen den Testsätzen ist mit drei Minuten datiert (vgl. Zimmer, 1999, S45-47).

Die Intensität wird in jedem Testsatz gesteigert, sofern das maximal bewegbare Gewicht nicht vorher erreicht wird. Das Gewicht richtet sich nach dem Satz, in dem das höchst erreichte Gewicht über die vollen 20 Wiederholungen technisch korrekt ausgeführt wurde. Sollte dies beispielsweise im 2.Testsatz nicht mehr der Fall sein, so zählt der 1.Testsatz als Endergebnis.

Zur Erleichterung der Probandin, wird die Übungsreihe in der gleichen Reihenfolge stattfinden, in der sie auch regulär im Trainingsplan zu finden sein wird.

Das erste Gerät ist die Beinpresse sitzend. Begonnen wird hier im 1.Testsatz mit einem Gewicht von 40kg. Im 2.Testsatz werden 45kg erreicht. Der 3.Testsatz entfällt, da im 2.Satz das maximale Gewicht erreicht wurde. Somit ist das Endgewicht 45kg.

Das zweite Gerät ist das Rudern am Gerät. Hier wird mit 20kg begonnen. Der 2.Testsatz beträgt 22,5kg und der 3.Testsatz 25kg. Somit beträgt das Endgewicht 25kg

Die nächste Übung ist die Brustpresse am Gerät mit einem Startgewicht von 20kg. Der 2.Testsatz erfolgt mit 22,5kg. Der letzte Satz entfällt in diesem Fall und das Endgewicht beträgt 22,5kg.

Die darauffolgende Übung ist das Latziehen zur Brust am Gerät. Der 1.Testsatz beginnt mit 20kg, der 2.Satz mit 22,5kg und der letzte Testsatz erfolgreich mit 25kg. Das Endergebnis hier beträgt also 25kg.

Als vorletzte Übung wurde die Bauchpresse am Gerät ausgewählt. Hier fällt der Startschuss bei 10kg im 1.Testsatz. Der 2.Testsatz beträgt 15kg, der letzte Satz entfällt, da 15kg das Endergebnis sind.

Die letzte Übung ist der Rückenstrecker am Gerät. Diese beginnt mit 20kg im 1.Testsatz und mit 25kg im 2.Testsatz. Der 3.Satz entfällt, da die 25kg das finale Ergebnis sind.

Richtet man sich nach den Werten der ILB-Methode, so ist die Probandin als Beginnerin zu klassifizieren und trainiert so mit einer Intensität von 50-70% (vgl. BSA/DHFPG)

Der X-RM Krafttest wird nach jedem Mesozyklus wiederholt, um so eine graduelle Steigerung der Kraft zu testen und um einen Überblick über die aktuelle Leistung zu erhalten.

2 Zielsetzung und Prognose

Zu Beginn wurden von der Kundin Trainingsmotive genannt, welche für sie der Antrieb sind, um Kraftsport zu betreiben. Diese Trainingsmotive werden im folgenden als Ziel übernommen und ein Ausmaß festgelegt, sowie die Zeit in der das gewünschte Ziel erreicht werden soll. Das wichtigste Motiv der Probandin war die Gewichtsreduzierung, welches aus gesundheitlichen und optischen Gründen das wichtigste Motiv der Probandin ist. Weitere Motive wie Gesund bleiben und Körperstraffung wurden in der folgenden Tabelle als Ziel definiert.

Tabelle 4: Zielsetzung (eigene Darstellung)

Inhalt	Ausmaß	Zeit
Gewichtsreduktion	- 20kg	12 Monaten
Körperstraffung	- 6cm Taillenumfang	12 Monate.
Reduzierung des Blutdrucks	Systolisch: 6-10 mmHg Diastolisch: 4-6 mmHg	4 Monate

2.1 Erläuterung der Ziele

Das Ziel der Gewichtsreduktion hat bei der Probandin die höchste Priorität und soll eine Abnahme von mind. 20kg Körpergewicht bedeuten. Dieses Ziel soll innerhalb der nächsten 12 Monate erreicht werden. Rechnet man dies auf den Zeitraum für einen Monat herunter, so ergibt dies eine Abnahme von 1,67kg pro Monat bzw. eine Reduzierung von ca. 400g Körpergewicht pro Woche. Mit Hilfe einer gesunden, ausgewogenen Ernährung und regelmäßigem Training, ist das Ziel von 20kg Gewichtsreduktion innerhalb der folgenden 12 Monate definitiv machbar.

Das Ziel der Körperstraffung ist eine Begleiterscheinung der Körpergewichtsreduktion, was bedeutet, dass durch den Abbau von Körperfett auch gleichzeitig die gewünschte Reduzierung des Taillenumfangs eintritt, welcher in diesem Fall eine Abnahme von 6cm betragen soll und dies ebenfalls in einem Zeitraum von 12 Monaten.

Das letzte Ziel der Probandin ist es gesund zu bleiben, was in diesem Fall eine Optimierung der Blutdruckwerte bedeutet, welche aktuell bei 126/82 mmHg im normalen Bereich (vgl. Tab. 2) liegen. Wunsch ist es, die systolischen Werte um mind. 6mm/Hg und die diastolischen Werte um mind. 4mm/Hg zu reduzieren, um so in den optimalen Blutdruckbereich zu kommen.

3 Trainingsplanung Makrozyklus

Tabelle 5: Makrozyklus (eigene Darstellung)

Zyklusdauer	6 Wochen	8 Wochen	6 Wochen	6 Wochen
Trainingsziel	Kraftausdauer	Muskelaufbau	Muskelaufbau	Maximalkraft
Organisation	GK / Station	GK / Station	GK / Zirkel	GK / Station
Einheiten / Woche	2	2	2	2
Übungen / Muskelgruppe	1 - 2	1 - 2	1 - 2	1 – 2
Sätze / Übung	2	2	2	2
Wiederholungen	20	12	10	6
Satzpausen	45s	60s	60s	90s
Bewegungstempo	2/0/2	2/0/2	2/0/2	2/0/2
Intensität	50-70%	50-70%	50-70%	50-70%

Nach Schnabel et al. (1997, S.323) ist ein Makrozyklus ein aus mehreren Mesozyklen bestehender Trainingsabschnitt, der in seiner inhaltlichen, didaktisch-methodischen und belastungsmäßigen Grundstruktur und damit in seiner Hauptwirkungsrichtung im Trainingsprozess planmäßig wiederkehrt und die Herausbildung der komplexen sportlichen Leistungsfähigkeit auf ständig höherem Niveau zum Ziel hat.

3.1 Erläuterung der übergeordneten Trainingsmethode

Die Planung basiert auf der ILB-Methode, da diese sehr einsteigerfreundlich ist, aufgrund der geringen Belastungen am Anfang des Trainings. Vor jedem beginnenden Mesozyklus erfolgt ein neuer X-RM Krafttest, um die passende Belastung für den Mesozyklus heraus zu finden. Dazu wird in dem Test eine dem Plan entsprechende Anzahl an Wiederholungen durchgeführt.

In diesem Fall, wird vor dem ersten Mesozyklus kein Krafttest durchgeführt, da sich die Probandin erst einmal an die Belastungen gewöhnen soll, daher wird das Gewicht gering gehalten. Der Krafttest erfolgt demnach vor dem zweiten Mesozyklus.

Da die Probandin im Kraftsport der Einschätzung nach als Beginner zu klassifizieren ist, wird der zweite Mesozyklus mit einer Belastung von 50% des X-RM Tests begonnen und innerhalb des Zyklus graduell um 2,5% pro Woche gesteigert. So wird verhindert, das eine Überbelastung stattfindet und der Körper sich progressiv weiter entwickelt, um eine Leistungssteigerung hervorzurufen.

Der erste Mesozyklus läuft über 6 Wochen und soll die Kraftausdauer trainieren, um so eine grundlegende Basis für die folgenden Zyklen zu schaffen. Die nächsten zwei Mesozyklen sollen einen Muskelaufbau bezwecken, diese werden jeweils 8 Wochen andauern, jedoch mit unterschiedlichen Wiederholungszahlen. Den letzten Abschnitt bildet ein Maximalkraftzyklus, welcher 6 Wochen andauert und so den Makrozyklus beendet.

3.2   Erläuterung Belastungshäufigkeit

Der entworfene Plan beinhaltet eine Anzahl von maximal zwei Trainingseinheiten pro Woche, dies liegt daran, das die Probandin gerade erst mit dem Krafttraining begonnen hat. Dies sollte für den Beginn des Krafttraining eine ausreichende Anzahl an Trainingseinheiten pro Woche darstellen, damit der Körper sich an die Belastung anpassen kann.

Zwischen den Trainingseinheiten sollte dem Körper eine Ruhepause von 48-72 Stunden gegeben werden um sich zu regenerieren. Geht man nach dem Modell der Superkompensation, so geht der Muskel nach einem gesetzten Trainingsreiz in einen Ermüdungszustand und anschließend in einen Regenerationsprozess über. Wird die Muskulatur in ihrer Erholungsphase mit einem neuen Trainingsreiz konfrontiert, so kann es aus der Theorie heraus passieren, dass es zu einer Leistungsminderung kommt und längerfristig zu einer starken Überbelastung (Eifler, 2018, S.20)

Wirth, Atzor und Schmidtbleicher (2007) fanden in einer Studie heraus, dass zwei Trainingseinheiten für eine bestimmte Muskelgruppe besonders effektiv sind.

3.3   Erläuterung Organisationsform

Da jeder Zyklus als Ganzkörpertraining absolviert wird, erfährt jeder Muskel zwei Mal in der Woche einen neuen Reiz, was genug Zeit zur Regeneration lässt.

Durch den Beginn mit einem Kraftausdauerzyklus wird eine solide Basis geschaffen, um sich körperlich an die neuen Belastungen zu gewöhnen. Aufgrund der vorgegebenen Bewegungsausführung, bietet sich hier das gerätegestützte Krafttraining an, da hier das Ver-

letzungsrisiko minimiert wird. In den nächsten zwei Mesozyklen wird ein Hypertrophietraining absolviert, welches zu Beginn gerätegestützt stattfindet und im dritten Mesozyklus im Zirkeltraining erfolgt, um das Belastungslevel zu erhöhen und um neue Reize
zu setzen. Zum Schluss findet noch ein Mesozyklus Maximalkrafttraining statt.

3.4 Erläuterung Periodisierung

Der für die Kundin entwickelte Makrozyklus geht über einen Zeitraum von insgesamt 26
Wochen (= 6 ½ Monate). Begonnen wird mit einem Kraftausdauerzyklus um der frühen
muskulären Ermüdung entgegen zu wirken und die Kapillarisierung zu verbessern.

Im Anschluss erfolgt ein Zyklus Hypertrophietraining, welcher 8 Wochen stationär an
Geräten absolviert wird. Dieser soll dafür sorgen, dass ein Muskelaufbau stattfindet und
so die Fettverbrennung angeregt wird. Laut Pedersen (2013, S.1337-1362) ist die Muskulatur das größte Stoffwechselorgan im menschlichen Körper. Da auch der Blutdruck
mit regelmäßigem Krafttraining gesenkt wird, ist es möglich die gewünschten Ziele der
Probandin innerhalb der gewünschten Zeit zu erreichen. Zum Schluss folgt ein Maximalkraftzyklus über 6 Wochen, welcher die Motivation der Probandin heben soll und zu-
gleich durch die Reduzierung an Wiederholungen einen neuen Reiz setzen soll.

4 Trainingsplanung Mesozyklus

Tabelle 6: Mesozyklus (eigene Darstellung)

Zyklusdauer: 6 Wochen	Spezifisches Trainingsziel: Kraftausdauer
Orga.-form: Ganzkörper-Training	Trainingseinheiten pro Woche: 2
Übungen pro Muskelgruppe: 1-2	Sätze pro Übung: 2
Wiederholungen: 20	Satzpause: 45s
Bewegungstempo: 2/0/2	Intensität: 50-70%

Der in Tab.5 aufgeführte Mesozyklus inkludiert ein sechswöchiges Training. Ziel für die-
sen Mesozyklus ist die Verbesserung der Kraftausdauer und die Schaffung einer Basis für
die weiteren bevorstehenden Mesozyklen im Krafttraining. In diesem Fall werden in jedem der 2 Sätze je 20 Wiederholungen ausgeführt. Zwischen den Sätzen findet eine Pause
von 45 Sekunden statt. Die Wiederholungen finden in einer Intensität von 50-70% der im

ILB-Test festgestellten Maximalkraft statt, da eine Intensität von mindestens 50% der Maximalkraft notwendig sind, um Veränderungen hervorzurufen (Güllich & Schmidtbleicher, 1999, S.226). Das Bewegungstempo beträgt hier 2/0/2, was bedeutet das die konzentrische Phase zwei Sekunden andauert und ohne Pause mit statischer Arbeitsweise direkt in die exzentrische Phase übergeht, welche auch zwei Sekunden dauert.

Tabelle 7: Mesozyklus I - Übungsauswahl mit Gewichten (eigene Darstellung)

Übung	WH	ILB-Test Ergebnis	1.Woche 50% des ILB-Tests	2.Woche 50% des ILB-Tests	3.Woche 55% des ILB-Tests	4.Woche 60% des ILB-Tests	5.Woche 65% des ILB-Tests	6.Woche 70% des ILB-Tests
Beinpresse sitzend*	20	45kg	22,5kg	22,5kg	25kg	27kg	29,5kg	31,5kg
Rudern sitzend*	20	25kg	12,5kg	12,5kg	14kg	15kg	16,5kg	17,5kg
Brustpresse*	20	22,5kg	12kg	12kg	12,5kg	13,5kg	15kg	16kg
Latziehen zur Brust*	20	25kg	12,5kg	12,5kg	14kg	15kg	16,5kg	17,5kg
Bauchpresse*	20	15kg	7,5kg	7,5kg	8,5kg	9kg	10kg	10,5kg
Rückenstrecker*	20	25kg	12,5kg	12,5kg	14kg	15kg	16,5kg	17,5kg

*am Gerät

4.1 Erläuterung Übungsauswahl

Der Trainingsplan in Tab.6 umfasst eine Reihenfolge von insgesamt 6 Trainingsgeräten, welche alle an der Maschine ausgeführt werden. Dies hat den Hintergrund, dass der Trainingseinstieg für Beginner erleichtert wird, da an Maschinen die Bewegungsabläufe vorgegeben sind und somit schnell verinnerlicht werden. Da die Probandin erst seit 2 Monaten Krafttraining betreibt, ist ihr aktiver und passiver Bewegungsapparat noch nicht auf hohe Lasten angepasst und ihre Koordination nicht ausgeprägt genug, um mit freien Gewichten trainieren zu können, was ein erhöhte Gefahr der Verletzung mit sich bringen würde. Das Training an Maschinen ist nahezu ungefährlich, da hier die Bewegungen vorgegeben und die Einstellungen, wie Sitz, Brustpolster etc., auf die Kundin angepasst werden.

Im Trainingsplan sind viele Geräte enthalten die über mehrere Gelenke arbeiten, um so die Anzahl der Isolationsübungen gering wie möglich zu halten. Die Geräte sind speziell auf die Wünsche der Probandin abgestimmt und sind zudem perfekt für ihre Alltagsbelastung. Da die Probandin eine überwiegend sitzende Tätigkeit ausführt, ist es wichtig den Bereich der Lendenwirbelsäule zu kräftigen, sowie die Bereiche der Hals- und Brustwirbelsäule. Mit den aufgeführten Übungen, wird der gesamte Körper belastet, um so einer muskulären Dysbalance vorzubeugen und gleichzeitig an den Zielen der Kundin arbeiten zu können.

4.1.1 Beinpresse sitzend am Gerät

Als erstes kommt die Beinpresse sitzend am Gerät dran, welche dynamisch ausgeführt wird. Diese Übung ist speziell für Beine und Gesäß ausgewählt, um eine mehrgelenkige Übung zur Körpergewichtsreduktion zu nutzen. Als Muskulatur wird hier der M. quadriceps femoris (vierköpfiger Obeschenkelmuskel), M. glutaeus maximus (großer Gesäßmuskel), M. biceps femoris caput longum (zweiköpfiger Oberschenkelmuskel, langer Kopf), M. semitendinosus (Halbsehenmuskel) sowie M. semimembranosus (Plattsehnenmuskel).

4.1.2 Rudern sitzend

Die zweite Übung ist das Rudern sitzend am Gerät, welche über das Schultergelenk und Ellenbogengelenk arbeitet. Da die Probandin täglich mehrere Stunden am Bürotisch sitzt, verfällt sie in eine Schonhaltung. Diese Übung soll die obere Rückenmuskulatur kräftigen, um eine gerade aufrechte Körperhaltung zu ermöglichen. Trainiert werden hier der M. latissimus dorsi, M. teres major, M. trapezius pars transversa, Mm. rhomboidei, M. deltoideus pars spinata, M. biceps brachii, M. brachialis und M. brachioradialis.

4.1.3 Brustpresse sitzend

Um den Antagonisten zur oberen Rückenmuskulatur zu trainieren, wurde die Brustpresse sitzend am Gerät gewählt. Durch ein Gleichgewicht der Brustmuskulatur und des oberen Rückens, soll eine aufrechte Körperhaltung gewährleistet werden. Ebenso wie das Rudern sitzend, erfolgt hier die Bewegung aus dem Schulter- und Ellenbogengelenk. Die hier beanspruchte Muskulatur ist der M. pectoralis major, M. deltoideus pars acromialis, M. deltoideus pars clavicularis und der M. triceps brachii.

4.1.4 Latziehen zur Brust

Da durch die Schonhaltung in der täglichen Arbeit unter anderem Verspannung im Na-
ckenbereich auftreten können, wird durch das Latziehen zur Brust am Gerät die entsprechende Muskulatur gekräftigt um dem entgegen zu wirken. Beteiligte Muskulaturen sind
hier der M. latissimus dorsi, M. teres major, M. trapezius pars ascendens, M. deltoideus,
M. biceps brachii, M. brachialis und der M. brachioradialis.

4.1.5 Bauchpresse

Als vorletztes Gerät ist die Bauchpresse am Gerät ausgesucht wurde. Dieses soll zielführend zur Körpergewichtsreduktion beitragen. Da an allen Geräten die Bauchmuskulatur
das Zentrum der Stabilität darstellt, ist die Übung als Vorletzte eingeplant, um durch eine
Ermüdung der Muskulatur Einbußen in der Stabilität an den vorherigen Geräten zu ver-
meiden. Einwirkende Muskeln sind hier der M. rectus abdominis, M. obliquus externus
abdominis, M. obliquus internus abdominis, M. transversus abdominis und M. iliopsoas.

4.1.6 Rückenstrecker am Gerät

Die letzte Übung und Komplettierung des Ganzkörperplans, ist der Rückenstrecker am
Gerät. Diese soll die Muskulatur im Lendenwirbelsäulenbereich stärken, die durch das
lange sitzen stark belastet wird. An diesem Gerät wird dynamisch die Muskulatur des
Mm. erector spinae trainiert.

5 Literaturrecherche – Diabetes mellitus Type-2

Tabelle 8: Literaturrecherche - Diabetes mellitus Type-2 (eigene Darstellung)

	Studie 1	Studie 2
Wer?	David W. Dunstan, PhD Robin M. Daly, PhD Neville Owen, PhD Damien Jolley, MSC Maximilian de Courten, MD Jonathan Shaw, MD Paul Zimmet, PhD	Joao P. Magalhaes Xavier Melo Inês R. Correia Rogério T. Ribeiro Joao Raposo Hélder Dores Manuel Bicho Luís B. Sardinha
Jahr?	2002	2019

Versuchspersonen	• 36 Übergewichtige Männer & Frauen im Alter von 60–80 Jahren mit diagnostizierter Diabetes mellitus Type 2-Erkrankung	• 80 Erwachsene Patienten mit Diabetes mellitus Typ 2 (38 Frauen, 42 Männer)
Versuchsaufbau	Zwei Gruppen, welche in eine Diät-Gruppe (17 Personen) und eine HIT-Krafttraining/Diät-Gruppe (19 Personen). Abgeschlossen haben 29 Personen die Studie (16 Personen aus KT/Diät-Gruppe; 13 Personen aus Diät-Gruppe). Die KT/Diät-Gruppe trainierte mit 50-60% des 1-RM eines Jeden, mit dem Ziel von 75-85% des aktuellen 1-RM. Jeder Teilnehmer bekam einen Ernährungsplan, mit einer Energieaufnahme von < 30% von Fetten und < 10% von gesättigten Fettsäuren, der Rest wurde in Kohlenhydrate und Proteine aufgeteilt.	Für die Studie waren 3 Gruppen vorgesehen. Controll, HIIT/Krafttraining und MCT/Krafttraining. Die Studie war auf eine Dauer von 1 Jahr angesetzt. Die Gruppen absolvierten jeweils 3 Trainingseinheiten pro Woche. Zusätzlich kam der Einsatz von Sonografie an der Halsschlagader zum Einsatz, sowie die Messung vom zentralen und peripheren Druck mittels Applanationstonometrie.
Ergebnisse	• Signifikante Ruheblutdruckabnahme in beiden Gruppen: Systolisch 6.7 ± 10.0 mmHg; Diastolisch 4.4 ± 6.9 mmHg Diät-Gruppe: • Kraftzuwachs unverändert • Gewichtsverlust von durchschnittlich 3,1kg KT/Diät-Gruppe: • Blutzucker ist signifikant gesunken um 1.2 ± 0.9% • 41,7% Kraftzuwachs nach 6 Monaten • Gewichtsverlust von durchschnittlich 2,5kg	• Reduktion der cIMT bei HIIT/Krafttraining sowie MCT/Krafttraining • Nur HIIT/Krafttraining hatte einen Effekt auf die lokale arterielle Dehnbarkeit, sowie die periphere arterille Gefäßsteifigkeit der Halsschlagader

6   Literaturverzeichnis

American Heart Association, nach Manica et al. (2013). Blutdruckklassifikation, *S.* 1286.

BSA/DHfPG, Grobraster zur Trainingsplanung nach der ILB-Methode. Saarbrücken

Dunstan, D.W., Daly, R.M., Owen, N., Jolley, D., De Courten, M., Shaw, J. et al. (2002) High-Intensity Resistance Training Improves Glycemic Control in Older Patients With Type 2 Diabetes. *Diabetes Care.* 25 (10), 1729-1736

Eifler, C. (2018). *Studienbrief Trainingslehre I – Gesundheitsorientiertes Krafttraining* (rev.20.030.000). Saarbrücken: Deutsche Hochschule für Prävention und Gesundheitsmanagement

Güllich, A. & Schmidtbleicher, D. (1999). Struktur der Kraftfähigkeiten und ihrer Trainingsmethoden. *Deutsche Zeitschrift für Sportmedizin,* 50 (7+8), 223-234.

Magalhães, J.P., Melo, X., Correia, I.R., Ribeiro, R.T., Raposo, J., Dores, H. et al. (2019) Effects of combined training with different intensities on vascular health in patients with type 2 diabetes: a 1-year randomized controlled trial. *Cardiovascular diabetology,* 18 (1), 34

Pedersen, Bente K. (2013). Muscle as a secretory organ, *Comprehensive Physiology,* 3 (3), 1337-1362.

Wirth, K., Atzor, K. R., & Schmidtbleicher, D. (2007) Veränderungen der Muskelmasse in Abhängigkeit von Trainingshäufigkeit und Leistungsniveau. Deutsche Zeit*schrift für Sportmedizin,* 58 (6), 178-183.

WHO. (2000) Obesity: preventing and managing the global epidemic. *WHO Technical Report Series 894,* Genova, Switzerland: WHO.

Zimmer M. (1999). *Entwicklung und Erprobung eines Mehrwiederholungstests zur Erfassung der Kraftleistung im Fitness-Training.* Saarbrücken S. 45-47.

7   Tabellenverzeichnis

BEI GRIN MACHT SICH IHR WISSEN BEZAHLT

- Wir veröffentlichen Ihre Hausarbeit,
  Bachelor- und Masterarbeit

- Ihr eigenes eBook und Buch -
  weltweit in allen wichtigen Shops

- Verdienen Sie an jedem Verkauf

Jetzt bei www.GRIN.com hochladen und kostenlos publizieren